Ein Bilderbuch von Bärbel Spathelf
mit Bildern von Susanne Szesny

Bärbel Spathelf - Susanne Szesny

Die kleinen Streithammel

oder Wie man Streit vermeiden kann

albarello

Das sind Philip und Katharina. Sie sind Geschwister und gehen in den gleichen Kindergarten.
Katharina hat in ihrem Zimmer eine Straße aufgebaut.
Sie fährt mit ihrem neuen, roten Auto darauf herum.
„Gib mir auch mal“, sagt Philip.
Aber Katharina will das Auto nicht hergeben.
„Du bist gemein. Lass mich jetzt mitmachen!“, ruft Philip wütend und versucht, seiner Schwester das Auto wegzunehmen.
„Jetzt bist du auf meine Straße getreten. Du machst alles kaputt!“, schreit Katharina und haut Philip.
„Mami! Katharina hat mich gehauen“, schluchzt Philip und läuft zur Mutter ins Arbeitszimmer.

Philips Mutter geht mit ins Kinderzimmer.
Katharina sitzt schmollend auf dem Boden und hat die Arme verschränkt.
Katharina mault: „Er hat mir einfach meine Straße kaputtgemacht."
„Hab ich gar nicht!", schreit Philip. „Ich soll nur immer mit deinen alten, kaputten Autos spielen."
„Na ja", schaltet sich die Mutter ein, „ich kann verstehen, dass Katharina mit ihrem neuen Auto spielen will. Vielleicht findest du ja ein anderes Auto, das dir gefällt", schlägt sie Philip vor.
„Schauen wir doch mal gemeinsam nach."
Schließlich findet Philip einen blauen Lastwagen.
„Kann ich mit dem spielen?", fragt er.
„Meinetwegen", stimmt Katharina zu.
„So, und jetzt kannst du Katharina helfen ihre Straße wieder aufzubauen. Ihr seid heute zwei richtige Streithammel. Aber ihr seid auch alt genug, um euch wieder zu vertragen. Ich will nicht, dass ihr euch schlagt oder euch gegenseitig etwas kaputtmacht! Verstanden, ihr Streithammel?", sagt die Mutter und geht aus dem Zimmer.

Katharina und Philip schauen sich verdutzt an.
Für den Augenblick ist der Streit ganz vergessen.
„Was meint Mama mit Streithammel?", fragt Philip.
„Mhm", sagt Katharina. „Weiß ich auch nicht."
„So, so", hört Philip plötzlich eine Stimme dicht neben seinem Ohr meckern. „Ihr -mäck- wisst nicht, was ein Streithammel ist -määck? Dann schaut mal her. Normalerweise kann man uns Streithammel -mäck- nicht sehen. Aber ihr zwei -mäck-mäck- habt gerade so schön gestritten, dass ich -mäck- mal eine Ausnahme machen will. Ich sitze hier auf deiner Schulter, damit ich dir -mäck- beim Streiten schöne -mäck-, gemeine Sachen vorsagen kann. Oder ich pikse dich -mäck-mäck- mit meinen Hörnern, damit du richtig wütend wirst -mäck."
„Weg von meiner Schulter!", ruft Philip und versucht, den Streithammel mit den Händen von der Schulter zu fegen.
Der Streithammel lacht: „Nein, nein, Philip -mäck-, so einfach wirst du mich nicht los -mäck!", und hüpft geschickt von einer Schulter auf die andere, um Philips Händen auszuweichen.

„**A**uf deiner Schulter sitzt ja auch einer", ruft Philip aufgeregt und zeigt mit seinem Finger auf Katharinas linke Schulter.
Katharina dreht ihren Kopf vorsichtig nach links und blickt direkt in die funkelnden Augen ihres Streithammels.
„Genau!", sagt nun Katharinas Streithammel, „wir -mäck- Streithammel tauchen nämlich meistens zu zweit auf. Denn alleine streiten kann man nicht- määäck! Dazu braucht man mindestens zwei -mäck-mäck! Und jetzt mach erst mal -mäck- Philips Spielzeug kaputt", flüstert der Streithammel Katharina ins Ohr. „Das wäre echt super -mäck- gemein und gibt bestimmt wieder einen schönen Streit -mäck-mäck!"
Katharina schaut ihn verdutzt an. „Was soll ich machen? Weg von meiner Schulter!"
„Solange ihr -mäck- euch schön streitet, denken wir gar nicht daran zu verschwinden, nicht wahr -mäck-, Kollege!", schnaubt nun Katharinas Streithammel. „Los jetzt -mäck-, wirf endlich Philips Spielzeugkiste um!", ruft er ihr dann so laut ins Ohr, dass Katharina zusammenzuckt und Hilfe suchend Philips Hand nimmt.
Katharina und Philip schauen sich an und plötzlich bemerken sie, dass die Streithammel verschwunden sind.
Sie sind nirgends mehr zu sehen.
„Komisch", sagt Katharina, „ob das alles nur Einbildung war? Komm, Philip, wir fragen mal Mami! Ich glaube, die ist gerade im Garten!"

„**D**u, Mami“, fragt Philip, „wo kommen die Streithammel her und wie wird man sie wieder los?“
„Ich glaube, die Streithammel“, sagt ihre Mutter, „versuchen Streit zwischen Kindern anzufangen. Sie flüstern ihnen gemeine Sachen ins Ohr, die sie machen sollen, damit sich andere ärgern. Es gibt große und ganz gemeine bei großem Streit und kleine bei kleinem Ärger! Und um sie loszuwerden“, fährt ihre Mutter fort, „habe ich mal gehört, packt man Streithammel am besten bei den Hörnern, wirbelt sie ein paarmal durch die Luft und lässt sie dann in hohem Bogen wegfliegen. Aber manche kleine Streithammel lösen sich auch meist von selbst in Luft auf, wenn man sich wieder verträgt. Aber dies funktioniert nur bei den kleinen! Andere wiederum verlieren, wenn man sich wieder verträgt, zunächst ihre Hörner und werden dann zu harmlosen, lieben, kleinen Lämmern. Doch wehe man ärgert sich wieder und schon werden die Lämmer wieder zu gemeinen Streithammeln.“
Philip denkt kurz nach, dann sagt er zufrieden: „Aha! Das muss ich mal ausprobieren.“

Am nächsten Morgen schauen sich Philip und Katharina im Kindergarten etwas genauer um. Heute wollen sie Streithammel suchen.
In der Spielecke entdecken sie Juliane, Christian und die kleine Alexandra. Die drei spielen „Vater, Mutter, Kind".
Ein kleiner Streithammel sitzt auf Alexandras Schulter und flüstert ihr ins Ohr: „Willst du immer nur das Baby sein! Christian war schon die ganze Zeit Vater. Jetzt bist du dran."
Alexandras Gesicht wird wütend und sie fängt an zu schreien:
„Ich will nicht immer das Baby sein." Dabei trampelt sie mit dem Fuß auf den Boden und verschränkt trotzig die Arme.
„Aber du bist die Kleinste", antwortet Juliane. „Du kannst nur das Baby sein."
„Bin ich gar nicht", erwidert Alexandra. „Ich will jetzt der Papa sein!"
Philip schaut Katharina an und raunt ihr zu: „Kannst du die Streithammel sehen?"
„Ja. Und sogar drei. Die freuen sich riesig, dass sie so einen herrlichen Streit anfangen konnten", antwortet sie leise.
„Komm", sagt Philip, „die schnappen wir uns."
„Ja, aber ich glaube, den Streithammeln geht aber schon die Kraft aus", flüstert Katharina.
Die drei Kinder haben sich geeinigt und der Streit ist schon fast wieder vorbei.
„Tatsächlich", staunt Philip. „Schau mal, aus den wilden Streithammeln sind liebe Lämmer ohne Hörner geworden."
Mittlerweile spielen Christian, Alexandra und Juliane wieder friedlich miteinander. Juliane ist jetzt die Mutter, Christian das Baby und Alexandra darf der Papa sein.

Doch nach dem nächsten Streithammel brauchen sie nicht lange zu suchen.
„Aua! Du Blödmann!“, kreischt eine Jungenstimme.
„Lass mich los!“, heult ein zweiter.
„Schau dir nur die dicken, zornigen Streithammel an“, staunt Katharina.
„Die stacheln die beiden Jungen sogar mit ihren Hörnern an, damit sie so richtig wütend werden!“
Es geht drunter und drüber. Lukas und Achim liegen am Boden und schlagen sich.
„Los -mäck-, tritt ihn ans Schienbein!“, schreit Lukas' Streithammel.
„Willst du dir das -mäck-mäck- gefallen lassen?“, schreit der andere Streithammel.
Achim reißt Lukas mit beiden Händen an den Haaren.
„Hau ihm eine runter- mäck. Er hat es verdient!“, schlägt der Streithammel auf Lukas' Schulter vor.
„Du willst doch jetzt nicht aufgeben -mäck!?“, meckert der andere Streithammel. „Kneif ihn!“
„Jetzt ist aber Schluss!“, ruft die Erzieherin Kirsten und trennt die zwei Raufbolde.
„Ihr geht sofort auseinander“, sagt sie.

95

Achim geht mit einem fetten Streithammel auf der Schulter schimpfend Richtung Spielplatz nach draußen.
Als er an Philip vorbeiläuft, packt Philip kurz entschlossen den dicken Streithammel an den gebogenen Hörnern, wirbelt ihn durch die Luft und lässt ihn dann wieder los.
Achim ist so verdutzt, dass er vergisst weiterzuschimpfen.
„Es funktioniert tatsächlich", flüstert Philip. „Der Streithammel ist weg."
Doch Philip hat sich zu früh gefreut, denn der Streithammel kommt in einem hohen Bogen zurückgesprungen und landet wieder genau auf Achims Schulter.
Der Streithammel ist sogar noch dicker und noch zorniger als vorher.
„Lass -mäck-mäck- die Kleinen nicht rutschen", sagt der Streithammel Achim ins Ohr. „Du bist hier der Größte -mäck- und kannst bestimmen, was sie machen und was sie nicht machen dürfen -mäck-mäck."
Achim hat zwei Kleinen die Rutsche versperrt.
„Mach Platz!", ruft Benjamin. „Paula traut sich nicht mehr die Leiter runter."
Und schon wieder hat der Streithammel eine gemeine Idee:
„Du -mäck- wirst dir doch nicht von den Kleinen sagen lassen, was du machen sollst -mäck-mäck."
„Ich denk gar nicht daran", ruft Achim grimmig. „Und wenn die kleine Heulsuse rutscht, kann sie was erleben."
Paula schluchzt noch stärker.
Schließlich muss Kirsten wieder einmal eingreifen und die Sache regeln.

Als die Mutter Philip und Katharina vom Kindergarten abholt, sind beide sehr schweigsam.
„War's schön heute?", fragt die Mutter vorsichtig.
„Na ja", meint Philip, „wir haben versucht Streithammel zu verjagen. Aber das hat nicht so richtig geklappt."
„Ja", sagt Katharina, „wenn der Streit nicht richtig beendet wird, kommt der Streithammel einfach wieder zurück. Den Streithammeln fallen immer neue Ideen ein, wie sich die Kinder streiten können. Da kann man gar nicht mehr spielen."
„Eigentlich ist Streit zwischen Kindern nicht schlimm", meint die Mutter. „Manchmal hat man eben unterschiedliche Meinungen und das kann und muss man dann auch sagen. Und wenn man sich dann geeinigt hat, kann man wieder weiterspielen. Wenn der Streit aber nur noch von den gemeinen Streithammeln bestimmt wird, kann man nicht mehr aufhören. Das finden dann nur die Streithammel gut."

SIMON

„**J**a, aber was kann man denn gegen diese doofen Streithammel machen?", wollen Katharina und Philip wissen.
„Also", antwortet die Mutter, „wenn es eine richtige Schlägerei gibt und sich die Kinder wehtun, dann muss ein Dritter den Streit unterbrechen.
So wie das Kirsten häufig macht! Da hilft sonst meistens nichts.
Der Streit muss aber gar nicht so weit kommen. Lasst uns doch mal gemeinsam überlegen, was einen Streithammel eigentlich so richtig freut und ihn gemein und angriffslustig macht."
„Hhm... Schimpfwörter vielleicht", sagt Katharina.
„Oder Fußtritte und Boxen", wirft Philip ein, „oder mit Spielsachen werfen."
„Wenn man besonders laut schreit, wird er bestimmt auch größer", bemerkt Katharina.
„Und du meinst", fragt Philip verwundert, „wenn man all das weglässt, können die Streithammel gar nicht so groß werden?"
„Ja", antwortet die Mutter, „dann fehlt den Streithammeln einfach die Kraft. Die Kinder können ihren Streit selbst beenden und in Ruhe weiterspielen. Die Streithammel haben gar keine Gelegenheit, groß zu werden."

„**V**ielleicht sollte man auch von Anfang an nicht auf die Streithammel hören und überlegen, ob man sich wirklich streiten will", fügt Philip hinzu.
„Genau!", sagt die Mutter. „Und dann gibt es noch etwas, was Streithammel überhaupt nicht leiden können: sich die Hand geben und sich vertragen!"
„Das hört sich eigentlich ganz einfach an", wundert sich Katharina.
„Und was machen wir jetzt mit den Streithammeln im Kindergarten?", will Philip wissen.
„Wir können Streitregeln auf ein großes Blatt Papier malen. Und das nehmt ihr mit in den Kindergarten", schlägt die Mutter vor. „Kirsten kann es dann an die Wand hängen."
„Das machen wir!", rufen die Kinder.
Sie setzen sich an den Tisch. Katharina holt dickes, rotes Papier und breitet es aus.
„Kannst du ‚Streitregeln' darüber schreiben?", bittet Philip seine Mutter. „Und dann denken wir uns für jede Regel ein Bild aus", schlägt er vor.

„**A**lso was brauchen wir alles?“, fragt Katharina.
Sie zählen auf: „Nicht schlagen oder an den Haaren ziehen.
Nicht rumschreien. Keine Schimpfwörter. Nichts kaputtmachen.
Keine Spielsachen werfen oder wegnehmen.
Nicht ärgern, nicht wehtun.“
Als sie für alle Regeln Bilder gemalt haben, schneiden die Kinder sie aus und kleben sie auf.
Katharina sagt stolz: „Das sieht richtig toll aus. Aber eigentlich ist ja noch ein wenig Platz auf dem Plakat.“
„Das macht doch nichts. Vielleicht fällt den anderen Kindern im Kindergarten ja noch etwas ein. Das könnt ihr dann ergänzen“, antwortet die Mutter.
Sie rollen das Plakat zusammen und stecken es in eine Pappröhre.

STREITREGELN

Nicht schlagen

Nicht an den Haaren ziehen

Nicht rumschreien

Keine Schimpfwörter

Nichts kaputtmachen

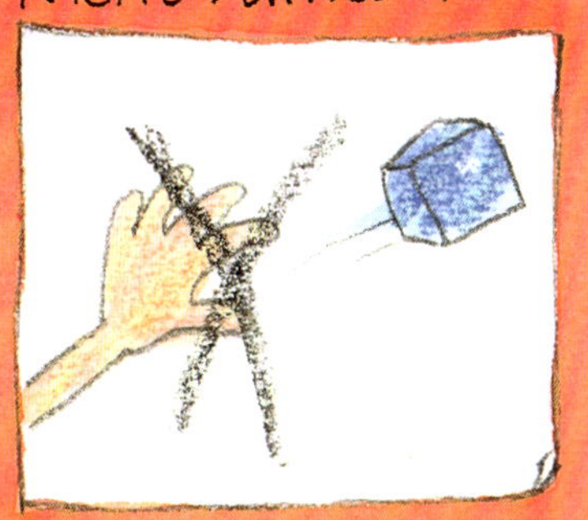

Keine Spielsachen werfen

Keine Spielsachen wegnehmen

Nicht ärgern

Nicht wehtun

Am nächsten Morgen läuft Philip im Kindergarten mit dem Plakat zur Erzieherin.
„Kirsten, ich hab mit Katharina und meiner Mutter ein Plakat mit Streitregeln gebastelt und das möchte ich gerne hier aufhängen", sagt er eifrig.
„Damit alle Kinder wissen, wie man sich richtig streitet", fügt Katharina hinzu.
„Das ist ja eine tolle Idee", sagt Kirsten und ruft alle Kinder zusammen. Gemeinsam schauen sie sich die Liste an und die Kinder besprechen, was mit den Streitregeln gemeint ist.
Dann will Achim wissen: „Aber was soll ich machen, wenn jemand so richtig böse auf mich ist?"
„Du kannst dich bei dem anderen entschuldigen und ihm sagen, dass es dir Leid tut", schlägt Katharina vor. „Und ihm die Hand geben."
„Und dann überlegt ihr euch gemeinsam, wie es weitergehen soll", meint Kirsten und schaut dabei auch Lukas an.
Achim denkt nach. „Mhm", meint er schließlich, „kann ich ja mal probieren."
„Diese Streitregel - sich wieder versöhnen - nehmen wir noch in die Liste auf", sagt Kirsten. „Und du kannst ja das Bild dazu malen, Achim."
„Prima!", meint Katharina. „Dann können wir ja ohne Streit miteinander spielen. Das wäre echt klasse. Und vielleicht sind bald statt Streithammel überall nur noch kleine Lämmchen zu sehen!"

SUSANNE SZESNY

wurde 1965 in Dorsten geboren. Sie studierte Visuelle Kommunikation in Münster und hat unter anderem bereits viele Bücher für Kinder illustriert. Seit 1990 arbeitet sie als freiberufliche Illustratorin und lebt heute mit ihrem Mann und einem Sohn in Duisburg.

BÄRBEL SPATHELF

wurde 1957 in Villingen geboren. Nach dem Abschluss als Diplomkauffrau arbeitete sie einige Zeit für Werbeagenturen, bevor sie sich als Marketingberaterin selbstständig machte. Mit ihrem Mann und drei Kindern lebt sie in der Nähe von Frankfurt.

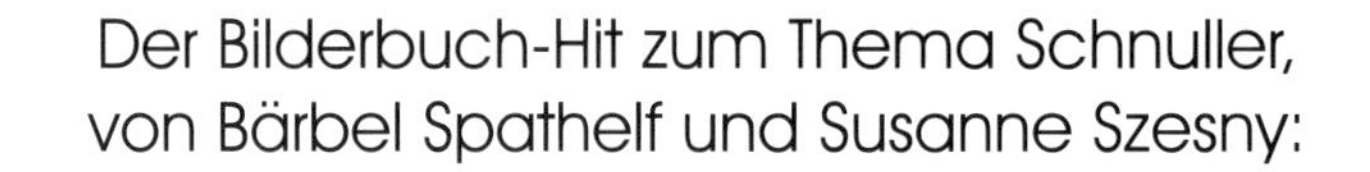

Der Bilderbuch-Hit zum Thema Schnuller,
von Bärbel Spathelf und Susanne Szesny:

„EIN BÄR VON DER SCHNULLERFEE"
Bärbel Spathelf (Text), Susanne Szesny (Illustration)
ISBN 3-930299-22-4

In diesem Bilderbuch geht es um Katharina, die große Schwester von Stefanie. Katharina kann sich einfach nicht von ihrem Schnuller trennen. Doch eines Nachts bekommt Katharina Besuch von der Schnullerfee. Die Fee schlägt ihr einen Tausch vor. Wenn Katharina ihr den Schnuller gibt, darf sich Katharina etwas wünschen. Zunächst lehnt Katharina ab. Doch schon bald schreibt sie einen Brief an die Fee, in dem sie sich einen Teddybären wünscht. Und als die Fee erneut kommt, schafft es Katharina, ihren Schnuller aufzugeben.

Zum Thema 'Daumenlutschen' von den selben Autorinnen:
„PHILIP UND DER DAUMENKÖNIG"
Originalausgabe, ISBN 3-930299-26-7

Originalausgabe, 2. Auflage

Neue Rechtschreibung
ISBN 3-930299-62-3

Albarello - Für Kinder die schönsten Bücher.
Weitere Bilderbuch-Hits von Bärbel Spathelf und Susanne Szesny:

„DIE ZAHNPUTZFEE"
oder Die Zahnputzfee erklärt,
wie die Zähne gesund bleiben.
Susanne Szesny (Illustration),
Bärbel Spathelf (Text)
Originalausgabe
mit Kinderzahnbürste
und Zahnputzuhr
ISBN 3-930299-56-9

Als Katharina und Philip ihre Zähne putzen, taucht plötzlich eine kleine Fee auf und erzählt ihnen, wie wichtig es ist, die Zähne zu putzen. Auch zeigt sie den Kindern mit viel Sachverstand, wie und wie lange man Zähne richtig putzt, und gibt noch viele Tipps, wie die Zähne gesund bleiben. Am nächsten Morgen unternimmt die Kindergartengruppe von Katharina und Philip einen Ausflug in eine Zahnarztpraxis. Da die Zahnärztin den Kindern die Zahnarztpraxis und ihre Instrumente erklärt, verschwindet das ängstliche Gefühl vor der Zahnärztin sehr schnell. Als sich Katharina und Philip abends gründlich die Zähne putzen, taucht die Zahnputzfee plötzlich mit einem tollen Geschenk auf. Für jeden eine neue Zahnbürste und, damit die Kinder wissen, wie lange man sich die Zähne putzen soll, eine tolle Sanduhr. (Zahnbürste und Sanduhr beim Buch dabei!)

„JETZT WIRD ABER
GESCHLAFEN" oder
Wie die Schlummermaus
hilft zu schlafen.
Susanne Szesny (Illustration),
Bärbel Spathelf (Text)
Originalausgabe
mit Schlummermaus
ISBN 3-930299-46-1

Mit der Schlummermaus schlafen lernen. Jeden Abend dasselbe: Katharina will einfach nicht schlafen. Schließlich landet sie im elterlichen Bett, da sie Angst vor den dunklen Schatten in ihrem Zimmer hat. Klar, dass am nächsten Morgen die ganze Familie unausgeschlafen und schlecht gelaunt ist. Doch dann fällt Katharinas großem Bruder Philip die Schlummermaus ein, mit der er seine Angst im Dunklen besiegen konnte, und so schenkt er die Schlummermaus an Katharina weiter. Am Abend nimmt Katharina die Schlummermaus mit ins Bett und schläft so ruhig ein. Mitten in der Nacht wird sie wieder wach und fürchtet sich. Doch mit der Schlummermaus in der Hand ist sie mutig genug um ihre Angst zu überwinden. Von nun an schläft Katharina jeden Abend mit der Zaubermaus im Arm ein und die ganze Familie kann endlich wieder richtig durchschlafen.
An jedem Buch hängt eine Schlummermaus mit Zauberstern.

„DER KLEINE ZAUBERER
WINDELFUTSCH"
oder Wie man die
Windel loswird.
Susanne Szesny (Illustration),
Bärbel Spathelf (Text)
Originalausgabe
mit „Tütenkasper"
ISBN 3-930299-36-4

Obwohl es Stefanie sehr ärgert, dass sie oft ‚Windelbaby' gerufen wird, kommt sie nicht ohne Windel aus.
Bis eines Tages der kleine Zauberer Windelfutsch erscheint. Dieser kleine Zauberer zeigt Stefanie mit viel Witz und Spaß, wie und wann man aufs Töpfchen geht. Damit Stefanie immer rechtzeitig an das Töpfchen denkt, schenkt der Zauberer ihr als Erinnerungshilfe eine Medaille und lässt seinen kleinen Helfer Fridolin da, eine Stabpuppe. Mithilfe von Windelfutschs Geschenken klappt das Töpfchengehen immer besser. Schon bald geht Stefanie voller Stolz in den Kindergarten, um vom Zauberer Windelfutsch und ihrem Erfolg zu berichten, denn ab jetzt braucht sie keine Windel mehr.
Bei jedem Buch ist eine Stabpuppe zur Unterstützung der Geschichte.